AF316023

LE PÈLERIN

DE

NOTRE-DAME-DU-CHÊNE

(A BAR-SUR-SEINE,)

ÉDITÉ AU PROFIT DE LA CHAPELLE,

PAR M. TRIDON,

Prêtre missionnaire, Chanoine honoraire de Troyes.

> Nous aussi, nous voulons prier
> aux lieux où ont prié nos pères.
> *(Hist. Contemp. de Châtillon.)*

BAR-SUR-SEINE,

SE TROUVE A LA CHAPELLE DE NOTRE-DAME-DU-CHÊNE
ET A LA LIBRAIRIE DOUSSOT.

1857.

LE PÈLERIN

DE

NOTRE-DAME-DU-CHÊNE

A BAR-SUR-SEINE,

ÉDITÉ AU PROFIT DE LA CHAPELLE,

PAR M. TRIDON,

Prêtre missionnaire, Chanoine honoraire de Troyes.

> Nous aussi, nous voulons prier
> aux lieux où ont prié nos pères.
>
> (*Hist. Contemp. de Châtillon.*)

BAR-SUR-SEINE,

SE TROUVE A LA CHAPELLE DE NOTRE-DAME-DU-CHÊNE

A LA LIBRAIRIE DOUSSOT ET CHEZ LA SACRISTINE.

1857.

APPROBATION.

J'ai lu par ordre de MONSEIGNEUR L'ÉVÊQUE DE TROYES, un manuscrit intitulé le *Pélerin de Notre-Dame-du-Chéne,* par M. l'Abbé TRIDON. Je n'y ai rien remarqué qui ne fût propre à éclairer et à nourrir la piété des fidèles.

Troyes, le 17 avril 1857.

AUGER,

Chanoine honoraire,
ancien Membre de la Commission
pour l'examen des livres.

A LA BONNE

NOTRE-DAME-DU-CHÊNE

PATRONNE DE BAR-SUR-SEINE,

DU DOYENNÉ, ET DES PAYS VOISINS;

A L'ÉTOILE DE LA MER,

Qui du haut de la sainte montagne,

LAISSE TOMBER SUR LA VALLÉE UN RAYON DE GRACE
ET D'AMOUR,

Humble Hommage d'un Prêtre

DU DIOCÈSE DE TROYES,

Ancien Curé de Notre-Dame de Fouchères, au doyenné de Bar.

Que la pieuse Chapelle, qui marque les li-
mites de deux nobles provinces, la Bourgogne
et la Champagne, comme une citadelle de
force et de paix, que ce Tabernacle sacré,
d'où sont montées au ciel tant de saintes prières, où tant de cœurs se sont épanchés, tant
d'âmes ont été consolées, ou tant de malheureux ont ressenti l'effet des miséricordes di-
vines; que cet aimable Sanctuaire, si cher
aux habitants de Bar et aux pays voisins, soit
aujourd'hui, comme aux siècles de foi, le rendez-vous des chrétiens fidèles !

Que Marie, comme aux plus beaux jours, élevée sur le Chêne antique, y règne comme sur un trône d'amour.

Que les habitants de Bar, dignes héritiers de la foi de leurs Pères, aussi dévoués qu'eux à la bonne Notre-Dame-du-Chêne, placent en elle, comme en un palladium sacré, leur confiance et leur appui. — Que dans les jours de calamités, jours de crainte, de deuil et de périls, ils élèvent la tête vers la sainte Montagne; qu'ils regardent l'étoile, et qu'ils invoquent Marie.

Que nos derniers neveux, comme nos Pères et comme nous, viennent puiser en son cœur la sève chrétienne qui donne la vie aux âmes et le salut aux sociétés.

Que les femmes de cette Cité et des pays voisins, jeunes filles, épouses et mères, que les veuves, et à la tête de toutes, que les Vierges, servantes des pauvres ou institutrices de l'enfance, apprennent, à la grande école de leur Reine, les vertus qui font, à tous les âges et dans tous les états, le bonheur présent et futur.

Que la candide Enfance vienne au pied de Notre-Dame bégayer son premier *Ave Maria*.

Que l'adolescent demande à Marie, avec sa bonne mère et dans une même prière, la grâce d'une sainte première communion.

Que le jeune étudiant, à l'exemple de saint Bernard, place sous la protection de la bonne

Notre-Dame, ses études, sa fragile vertu et ses destinées.

Que le jeune soldat et le jeune ouvrier, commençant leur carrière et quittant le toit paternel, promettent à la Sainte-Vierge, au pied du Chêne sacré, de ne jamais oublier leur mère, de se rappeler souvent les sacrifices de leur père, les obligations d'un bon fils; qu'ils jurent d'être fidèles à leur baptême et à leur première communion. Que la jeune fille, après une messe à Notre-Dame, dans l'action de grâce d'une communion humble et fervente, médite en cet asile de lumière et de paix, le secret de sa vocation. Que la veuve et l'orphelin, que la mère désolée qui a perdu un enfant, un fils bien-aimé, une fille chérie, viennent se consoler entre les bras de celle qui a été une mère de douleurs et sera à jamais la mère de la consolation.

Que le vieillard attristé vienne y méditer les années éternelles, les joies d'une vie future et demander la bonne mort qui ouvre le ciel.

Enfin, que les enfants d'Ève exilés sur la terre, viennent souvent ici pour honorer leur Reine et invoquer avec une ferme confiance celle qui, au témoignage de notre saint Bernard, n'a jamais été invoquée en vain (1).

(1) J'apprends avec bonheur que les vœux ici exprimés sont accomplis, et que les habitants de Bar, en tous leurs besoins et en toutes les occasions solennelles, savent recourir à la Bonne Notre-Dame.

NOTICE

SUR

NOTRE-DAME-DU-CHÊNE.

Sur la montagne qui couvre Bar-sur-Seine à l'occident, à un quart de lieue de ses anciens murs, il y a un bois appelé autrefois la Garenne des Comtes et aujourd'hui le bois de Notre-Dame ; dans ce bois on montre un vieux Chêne, où, selon la tradition, fut trouvée par des bergers une Image de la Vierge. C'est du haut de ce Chêne, que, placée dans une petite niche, cette sainte Image attire, depuis des siècles, les populations chrétiennes.

La piété des peuples a inspiré l'idée d'environner le Chêne d'une chapelle, où on put être à l'abri des injures du temps et prier avec recueillement. Ce Sanctuaire, formé d'abord de simples planches, était dès 1669 un petit édifice ; en cette même année, le 8 septembre, fête de la Nativité, il se fit un si grand concours, qu'on compta jusqu'à six mille personnes autour de la Chapelle.

On raconte qu'à une certaine époque, le clergé de la ville avait souhaité fixer à l'église paroissiale l'Image de la Bonne Notre-Dame ;

telle n'était pas la volonté du ciel, l'Image disparut de l'église et se retrouva placée sur le Chêne où les bergers l'avaient découverte.

Autrefois, dans les calamités, l'Image était solennellement descendue de la chapelle à l'église paroissiale : après avoir été quelques jours exposée à la vénération des fidèles, elle était religieusement remise en son lieu, comme un dépôt sacré.

L'invention et la présence de la Vierge dans le Chêne n'ont pas été expliquées jusqu'ici ; les anciens, avec ce sens droit que donne la foi, ont regardé ces faits comme tenant du prodige ; ils y voyaient une bénédiction du ciel en faveur de leur pays.

Saint Bernard l'avait visité ; il y avait apporté avec lui la bonne odeur de Jésus-Christ, semant les miracles, animant sans doute la dévotion à Marie, dont il était le fervent disciple et le fils bien-aimé.

La sœur du saint abbé, la vénérable Ombeline, avait sanctifié ces contrées, par les exemples d'une vie sainte et pénitente, couronnée à Juilly-sur-Sarce par la mort des justes et des bienheureux.

On a attribué à Notre-Dame-du-Chêne divers miracles : les crosses et les béquilles suspendues aux murailles aux yeux des populations en sont des preuves sensibles. Ces monuments de la reconnaissance des guérisons obtenues par l'intercession de Marie, ont la plupart disparu.

Aux guérisons opérées en faveur des infirmes, il faut ajouter le fait suivant, emprunté aux traditions locales et recueilli par l'histoire qui le rattache au 25 juillet 1758 :

« Il pleuvoit, depuis six semaines, les bleds germoient sur pied, l'on projeta d'aller en procession à la chapelle. Le bailliage en robe, la maîtrise, la mairie, l'élection, le grenier à sel, les corps de métiers, tous les habitants assemblés dans l'église (*sic*), l'on sortit en corps de procession après les vespres de la feste de Saint-Jacques et de Saint-Christophe ; la pluye tomboit abondamment, le ciel paroissoit tout noir ; malgré cela, tout le monde partit, et quand on arriva à la chapelle, tout le monde étoit mouillé jusqu'à la peau.

» Il n'y eut que les prestres et les corps constitués qui entrèrent dans la Chapelle, le peuple resta dehors. L'abbé Autrand, chanoine, monta sur l'autel pour ouvrir la petite grille et descendre la Vierge sur l'autel. Au même instant, les nuages qui estaient sur nous se séparèrent comme l'on ouvre deux rideaux, une moitié rétrograda au midi et l'autre moitié au nord, sans vent ; l'air au contraire étoit très-tranquille, ce qui est contre nature, par conséquent, ce qui qualifie le miracle.

» Alors tout le monde s'écria : Miracle, et les larmes coulèrent des yeux de près de deux mille témoins. Le soleil devint brûlant ; la Vierge fut portée sous un dais à la paroisse de Bar-sur-Seine, où elle est restée douze jours, puis elle a été rapportée à la Chapelle le dimanche 6 aoust, avec la même cérémonie. Le temps est resté constamment au beau ; la récolte s'est bien faite.

» Je ne suis pas fanatique, je ne crois pas facilement ; mais j'ai vu et j'en crois mes yeux, et je certifie le fait être véritable.

» Il y a un procès-verbal signé de tout le monde.

    » *Signé :* Lefrançois l'aîné. »

DESCRIPTION DE LA CHAPELLE.

La Chapelle de Notre-Dame-du-Chêne est un modeste sanctuaire précédé d'une espèce de porche ou galerie. Un retable en fait le fond. Ce retable, qui a une certaine élégance, a le tort de dérober à la vue le Chêne qui devrait faire le principal ornement de ce pieux sanctuaire. Au centre du retable, protégée par un grillage artistement ouvragé, se trouve l'Image vénérée. Espérons qu'un jour et bientôt on trouvera moyen de faire sortir de son obscurité, le Chêne monumental. Outre l'Image de Notre-Dame et le Chêne sacré qui la porte, il faut encore remarquer à la chapelle les vitraux des quatre fenêtres qui l'éclairent, deux dans le sanctuaire et deux dans la partie réservée aux fidèles (1).

Dans la fenêtre du sanctuaire, à gauche, sont représentés à genoux : M. Henault, restaurateur de la chapelle, sa femme et un jeune homme en qui il faut sans doute voir son fils ; ils sont tous trois au pied du Chêne sur lequel on voit l'Image de la Sainte-Vierge, tenant sur ses genoux son fils détaché de la croix. — Les armes du donateur brillent au sommet ; on lit dans la bordure du vitrail deux légendes : la première, tirée des écritures, est toute chrétienne : *Initium Sapientiæ timor Domini* (La crainte de Dieu est le commencement de la sagesse) ; la seconde, toute morale, donne la juste idée de la vie humaine : *Nasci, laborare, mori* (Naître, travailler, mourir). — Oui voilà la vie humaine pour le riche comme

(1) Dans le mobilier de la chapelle se trouve un vase émaillé d'un précieux travail. À l'intérieur du vase se trouvent représentés un ange, un jeune enfant et un poisson : l'ange est sans doute Raphaël ; l'enfant serait le jeune Tobie, et le poisson rappelle ce monstre marin dont ce protégé du ciel faillit être dévoré. — Il est fâcheux que cet objet, déjà dégradé, employé aux quêtes de la chapelle, soit ainsi exposé à une perte certaine.

pour le pauvre, elle est cela, tout cela, et rien que cela; si on ne la rattache à la croix du Rédempteur par la vertu, le mérite et l'espérance. Visiteurs curieux qui venez en ce sanctuaire, instruisez-vous.

Au bas du vitrail, se lit cette inscription : *Ceste vitre a été donnée par Etienne Henault Con^er du Roy Con^eur Gnal des rentes de l'Hostel-de-Ville de Paris, et Dam^le Edmée Henault sa femme en l'honneur de Dieu et de la Vierge, l'an 1672.*

La fenêtre de droite représente le martyre de saint Etienne; on lit au bas, la même inscription qu'à la verrière précédente ; seulement à la fin on trouve cette variante : *En l'honneur de Dieu et de saint Etienne.*

Dans la partie réservée aux fidèles, au vitrail de gauche, brille au milieu de pièces rapportées la sainte famille ; la verrière de la fenêtre à droite renferme divers sujets; on y voit les quatre Evangélistes avec leurs emblêmes, Adam et Eve chassés du Paradis, la rencontre de saint Joachim et de sainte Anne à la porte dorée.

En entrant au sanctuaire de Marie, vous avez salué votre Reine; après avoir visité cette chapelle bien-aimée, après avoir satisfait votre piété, et recueilli quelques parcelles du Chêne vénéré, comme souvenir de votre pèlerinage, offrez encore, comme adieu à la Bonne Notre-Dame, une action de grâce et une prière.

(Monseigneur Coeur, Evêque de Troyes, accorde 40 jours d'indulgence aux fidèles qui réciteront avec les sentiments requis les deux prières suivantes. — *Rescrit du 17 avril* 1857).

PRIÈRE EN ENTRANT A LA CHAPELLE.

Bonne et très-sainte Marie, l'Eglise vous nomme avec justice la Reine des martyrs, puisque, ayant passé par toutes les peine de la vie, vous en avez triomphé avec une invincible patience. Si Dieu a voulu que vous soyez une Mère de douleurs, c'est sans doute afin que, devenue toute-puissante, vous soyez la Mère de miséricorde. Ecoutez donc avec bonté la prière de votre pauvre enfant. Hélas! à tous mes maux se joint le découragement qui vient y mettre le comble. Mais, à la vue de Marie et au pied du Chêne sacré que sa bonté a choisi pour son trône, je ne puis désespérer. Que de malheureux avant moi y ont trouvé grâce, soulagement et guérison! Votre puissance, ô grande Reine, n'est pas moins grande aujourd'hui, et votre bonté n'est pas diminuée. O bonne Mère, ô douce Marie, Salut des infirmes, Refuge des pécheurs, Consolatrice des âmes affligées, ne méprisez pas ma prière, obtenez-moi la faveur tant désirée que j'implore à vos pieds; vous connaissez mes pressants besoins. Obtenez-moi surtout la résignation qui rend méritoires les peines de la vie, la patience qui les adoucit et le pardon de mes péchés qui sont la seule cause de mes misères. Faites que je connaisse le prix de la croix, que je l'aime et que je la porte à votre exemple tous les jours de ma vie à la suite de Jésus-Christ; faites enfin qu'après avoir vécu avec cette bonne croix, je meure entre ses bras dans l'amour du bon Dieu et la soumission parfaite à sa volonté suprême. Je demande ces grâces, ô ma bonne Mère, pour moi, pauvre pécheur, et pour tous les malheureux qui ont mis leur espérance en vous pour le temps et pour l'éternité. Amen.

PRIÈRE AVANT DE QUITTER LA CHAPELLE.

O Vierge Immaculée! glorieuse Marie, si justement appelée *Bonne Notre-Dame-du-Chêne ;* agréez les sentiments d'amour et de reconnaissance dont mon cœur est pénétré pour vous; du haut de cette Montagne chérie, où vous résidez comme sur le trône de vos miséricordes, daignez jeter un regard favorable sur nous, sur nos parents, nos amis, nos héritages et sur tout ce qui nous appartient ; nous sommes vos enfants, ô Mère auguste de Jésus !

Répandez dans nos cœurs les vertus dont le vôtre est rempli : l'humilité, la pureté, la charité ; aidez-nous à sanctifier notre vie et notre mort, et faites que notre dernier soupir soit un soupir d'amour pour Jésus et pour vous ! Ainsi soit-il.

La chapelle de la *Bonne Notre-Dame* a vu sans doute bien des prodiges, inspiré bien des pensées salutaires, a reçu d'illustres pèlerins ; Louis XI, dit-on, a été du nombre. Il paraît bien constaté que François II, empereur d'Autriche, la visitait en 1814.

Bonne Notre-Dame-du-Chêne, soit qu'il vous voie dans la crèche, soit qu'il vous contemple au Calvaire, soit que vous habitiez, comme à Chartres, un temple magnifique, soit que votre Image soit portée sur un chêne ou abritée sous le chaume, le bon Pèlerin vous aime et toujours vous vénère.

DÉVOTION

DES HABITANTS DE BAR-SUR-SEINE

ET DES PAYS VOISINS

POUR NOTRE-DAME-DU-CHÊNE.

FÊTE PATRONALE.

La dévotion des habitants de Bar pour Notre-Dame-du-Chêne, on n'en peut douter, date du jour où cette sainte Image a été trouvée dans la forêt. Depuis lors, elle fut héréditaire dans les familles ; les pères la transmirent à leurs enfants comme un trésor.

Si le règne de la terreur a pu un moment suspendre les pieuses pérégrinations au sanctuaire bien-aimé, il n'a pu arracher la dévotion des cœurs. — Le chêne antique a été respecté, et par une espèce de prodige, la pieuse Image y est demeurée comme dans un fort armé, et dans un asile inexpugnable. Les visites étaient moins fréquentes sans doute, mais les regards des chrétiens fidèles, les soupirs des pieuses femmes et les prières des petits enfants y montaient avec des élans d'amour. Toujours dans ces contrées on s'est souvenu de la Bonne Notre-Dame, en sorte qu'on peut dire que le pèlerinage n'a jamais été interrompu.

Dans la ville de Bar, comme ailleurs, des défections sont venues attrister la religion, l'Eglise a été moins fréquentée, les jours saints ont été profanés, bien des devoirs ont été abandonnés : qu'importe, au milieu des tempêtes où la foi, la vertu et les pratiques religieuses avaient fait naufrage, une chose a surnagé, c'est la dévotion, c'est au moins un souvenir pour *Notre-Dame-du-Chêne*. Ce sentiment, jeté au fond du cœur d'un fils par une mère chrétienne, a survécu à tout.

Cette mère, en l'embrassant un jour, lui avait dit plus expressément que jamais, car il s'éloignait d'elle : surtout, mon fils, N'OUBLIEZ PAS NOTRE-DAME-DU-CHÊNE.

Ce fils a pu s'égarer, il est devenu indifférent, impie, blasphémateur. — Et ce rebelle, cet impie, cette espèce d'apostat reviendra à Dieu ; et quand on lui demandera par quelle route il est revenu de si loin ; quelle étoile lui est apparue pour lui indiquer le port ? Il répondra : la Bonne Notre-Dame-du-Chêne.

L'enfant né à Bar-sur-Seine, qui y a passé son enfance, comme beaucoup d'autres, sera exposé à quitter sa terre natale. Arrivé à l'âge d'homme, il sera marchand, soldat, marin. Voyageur, il traversera les mers, plantera peut-être sa tente dans les déserts ou dans les forêts de l'Amérique ; le souvenir du Chêne et de Notre-Dame le suivra partout. A la mort, à ce moment suprême où tout disparaît, la Bonne Notre-Dame se représentera à son esprit comme une vision d'espérance et d'amour.

Bonne Notre-Dame-du-Chêne, intercédez pour moi! C'est en prononçant cette prière, qu'à 5o lieues de son pays, rendait son âme à Dieu une pieuse femme, native de Bar, mère vénérable d'un prêtre vertueux. Le fils d'une si digne mère conservera ce mot comme un testament, comme un gage assuré qu'il nourrit en son cœur, qu'un jour il retrouvera cette chère âme, qui, en quittant la terre, a dirigé son vol droit vers celle que l'Eglise nous montre comme la porte du ciel.

Les habitants de Bar montent sans cesse à la Chapelle de Notre-Dame ; souvent ils y font monter le prêtre pour solliciter une grâce, demander un secours, pour payer le tribut de la reconnaissance Tantôt c'est la paroisse entière qui se dirige vers le sanctuaire champêtre, son curé en tête; tantôt c'est une famille; plus souvent c'est une âme qui va confier ses secrets à Marie.

Les adolescents y montent le lendemain de leur première communion, pour demander la persévérance ; les jeunes gens y montent pour obtenir une union heureuse ; la jeune fille y monte avec sa mère pour obtenir le secret d'une vocation incertaine ; le milicien, avant de s'engager dans les hasards de la guerre, sans doute aussi va visiter le pieux sanctuaire où le soldat valeureux, échappé à mille dangers, va payer la dette de reconnaissance.

Un soldat de Crimée, couronné de lauriers et de gloire, montait un jour à Notre-Dame, il allait assister à une messe dite à son intention; il faut que vous ayez bien prié pour moi, disait ce brave au vénérable doyen, pour que j'aie échappé à de si grands dangers et à un tel carnage.

Jeunes mères à qui Dieu a donné des enfants, à qui le ciel a confié un si riche trésor, donnez-les en garde à Marie.

Si vous êtes de Bar, si vous êtes du voisinage, si même, quoique éloigné, vous le pouvez encore, venez à Notre-Dame-du-Chêne, amenez-y vos enfants, et là au milieu de ce bois solitaire, dans le silence de la dévote Chapelle, aidez-les, apprenez-leur à consacrer leurs cœurs à Marie.

Si vous avez porté à six mois votre Benjamin au pied du Chêne sacré où repose Marie, faites-l'y monter lui-même à 7 ans. Que d'enfants de Bar ont fait ce que je vais dire : on lui a annoncé et promis longtemps à l'avance ce petit pèlerinage ; on lui en a fait envisager le jour comme un jour béni, comme une grâce qu'il faut mériter. L'enfant a-t-il fait assez pour mériter cette faveur? La mère bien intelligente demandera encore une préparation. Son enfant a sans doute son innocence baptismale, il est si jeune encore, elle a tant veillé sur lui! mais elle a vu dans sa conduite quelques fautes, fautes bien légères sans doute. Mais si elle peut les faire disparaître, l'offrande de son enfant ne sera que plus agréable à Marie. S'il pouvait, par une confession simple, comme on peut le faire à cet âge, obtenir l'absolution!

La veille, l'enfant aura mieux fait sa prière; il se couchera à meilleure heure pour se lever plus matin, et aller, à l'aube du jour, à la Bonne Notre-Dame; alors, au lever du soleil la nature est plus fraîche, l'air plus pur, le chant des oiseaux semble plus doux; tout bénit Dieu dans le bocage où s'élève la pieuse Chapelle.

L'enfant qui s'impressionne de tout, si une mère intelligente lui fait tout remarquer, conservera un éternel souvenir de sa première visite à Notre-Dame.

Une petite médaille, un petit livre achetés là, quelques parcelles du chêne sacré, seront pour lui des monuments. Rien ne manquerait à cette fête, si le jour choisi pour la donner était l'anniversaire du saint baptême.

Ce ne sont pas seulement les habitants de Bar qui visitent la sainte Chapelle et font le pèlerinage de Notre-Dame-du-Chêne. — Par-

courez les intéressantes pages du registre ou-
vert (dans la sacristie), depuis moins d'une
année (22 mai 1856). Vous verrez des noms
de cent pays divers; vous respirerez le parfum
des plus beaux sentiments.

Comme préface, vous avez un poétique
Salut donné à la belle étoile des mers, par un
prêtre natif de Bar. Plus loin, de zélés pasteurs implorent pour eux et leurs troupeaux,
la sainte protection de Notre-Dame. Ici, des
époux recommandent leur union à la Reine
des épouses chrétiennes et à la Vierge Mère;
là un officier hussard se recommande lui-
même à la Reine du ciel et à la Mère du Dieu
des armées. A une autre page, vous recueillez
les élans qui débordent du cœur d'un pieux
serviteur de Marie, fondateur d'un ordre religieux. Presqu'à toutes les pages vous voyez
les plus tendres épanchements, les plus humbles prières, exprimés tantôt par la main des
pèlerins suppliants, tantôt par les prêtres attachés au service de Notre-Dame, zélés mé-
diateurs des âmes qui sollicitent l'oblation
de l'adorable victime. — Ailleurs, un pieux
directeur de catéchisme-de-persévérance, sollicite les bénédictions pour les enfants de
Marie, et des sœurs de charité font de même
pour les pupilles confiées à leur sollicitude.

Je ne puis me refuser au plaisir de trans-
crire la légende d'un jeune écolier, congré-

ganiste de Marie, qui faisait en famille le pèlerinage de Notre-Dame : « En vacance, ô bonne Mère ! nous n'avons pu trouver de plus grand plaisir que celui de venir vous témoigner notre amour. »

Ce n'est pas seulement à Bar que la dévotion à la Bonne Notre-Dame est accueillie, c'est dans tout le voisinage.

Depuis quelques années, au mois de mai, les paroisses voisines, sous la conduite de leur curé, viennent déposer aux pieds du Chêne et de la Vierge bénie, leurs vœux et leurs actions de grâce. Les populations affluent à la sainte Chapelle.

On y a vu tour-à-tour Neuville, Gyé, Courteron, Buxeuil, Villemorien, Juilly, Longpré, Magnant, Thieffrain, Fralignes, Bourguignon, Merrey, Vaudes, etc., etc. La ville de Troyes, chaque année, adresse au sanctuaire de Bar de nombreux représentants ; des communautés de vierges, et des ouvroirs, des pensionnats entiers de jeunes filles s'y transportent avec la ferveur digne d'une meilleure époque, semblables à des abeilles qui cherchent leur reine, ou à des colombes qui viennent aux claires fontaines. D'Auxerre, de Vassy, de Paris même, on adresse des vœux pour être présentés à Notre-Dame-du-Chêne ; on sollicite comme une faveur une messe à ce sanctuaire béni. Plus d'un pèlerin consolé et satisfait a attribué, dans ces derniers temps, une guérison subite, le retour d'une âme au bon Dieu et sa résurrection à la grâce.

Une bonne mère, habitant les environs d'Auxerre, disait, il y a peu, au vénérable Curé de Bar : Mon fils était atteint d'une maladie incurable et mortelle, j'ai fait vœu, si mon fils guérissait, de venir en actions de grâce au pied de Notre-Dame-du-Chêne; mon fils est guéri, je viens payer ma dette.

55 personnes, en juin 1850, faisaient dans la chère Chapelle la sainte communion, priant pour une malade bien aimée, atteinte d'un cancer costal, déjà invétéré ; trois mois après, en septembre suivant, les 55 personnes venaient acquitter le tribut de la reconnaissance, la malade était guérie. Un *ex-voto* fut suspendu aux murs de la Chapelle pour perpétuer le souvenir de ce bienfait signalé.

Si toutes les personnes qui ont reçu des grâces par l'entremise de Notre-Dame-du-Chêne, imitaient cet exemple, n'en doutons pas, les murs du modeste Sanctuaire de la Garenne de Bar ne tarderaient pas à être tapissés, comme les murs de Fourvières à Lyon.

Il y a 15 à 20 ans, l'auteur de cet opuscule, deux fois est venu à Notre-Dame-du-Chêne. — Une fois, il portait à l'autel les supplications d'une famille chrétienne; une autre, il accompagnait un prêtre, son ami, dans une circonstance solennelle. Le fait mérite d'être raconté, il est tout entier à la gloire de la Bonne Notre-Dame.

Un prêtre vertueux, zélé serviteur de Marie, quittait une paroisse chérie ; il la quittait avec de vifs regrets et des déchirements de cœur; il l'avait cultivée depuis 12 ans comme une vigne bien-aimée, il l'avait souvent arrosée de ses sueurs, il lui était tendrement dévoué.

Mais Dieu avait parlé, il fallait obéir. Une vocation d'un ordre supérieur appelait ce modeste desservant à une mission plus grande.

La paroisse connaissait le trésor qu'elle possédait en son pasteur, tous les paroissiens, ou presque tous, répondaient à ses soins, et l'écoutaient comme un Ange du ciel.

Quelle séparation ! comment va-t-elle s'opérer ? qui guérira les cœurs qui en seront blessés?

Une sainte retraite devait préparer à ce terrible coup la petite paroisse. Elle est annoncée dans un but mystérieux, désigné seulement sous le nom de sacrifice à accepter.

Le troupeau docile à la voix de son chef, se prépara à tout, sans rien savoir.

La veille du jour où devait retentir la triste nouvelle, le pays était encore sans alarme !

Un pieux rendez-vous est publiquement donné ; la Chapelle de la Bonne Notre-

Dame-du-Chêne, si aimée du curé et des pieux paroissiens, est choisie pour la clôture de la retraite. C'était là, au pied de Marie, que devait se consommer un double sacrifice ; c'était là que devaient se faire les révélations.

Vers neuf heures du matin, un groupe de pieuses femmes précédaient le pasteur, je devais l'accompagner.

Arrivé à la Chapelle, le futur religieux célèbre la sainte messe ; unissant son sacrifice à celui de la divine victime, il s'immole avec elle, brise ses liens pour n'être qu'à Dieu seul.

Il quitte les ornements sacerdotaux, et aussi simplement vêtu que possible, comme un homme qui ne tient plus à rien, il adresse la parole à un auditoire d'amis et de pieux fidèles.

Alors tombe de ses lèvres le mot du mystère, mais il n'est pas compris. Il annonce qu'un pauvre de J.-C. va solliciter leurs aumônes ; il les sollicite en effet, on donne, sans savoir au juste à qui ; la plupart croient que le pauvre était un inconnu, et il était sous leurs yeux.

A ce moment, je vis une transfiguration sublime dans mon vénérable ami ; l'assemblée frémissait sous l'impression d'un tel spectable et d'une parole céleste ; les larmes coulaient, en présence de cette transformation où l'homme semblait disparaître pour ne plus laisser voir que l'être spirituel à travers les formes communes de la nature, désormais comptée pour rien. — A dater de ce jour, l'humble prêtre était religieux de cœur, c'était un apôtre.

Le bon Curé s'arrachait à cette scène attendrissante, son cœur était déchiré ; deux amis de cœur l'accompagnaient, celui qui devait être son successeur et moi. Et pendant que nous descendions la sainte montagne, au versant de la porte de Châtillon, pendant que nous nous entre-donnions les derniers embrassements de l'amitié, le vicaire de Bar apprenait à la paroisse de *** qu'elle avait perdu son pasteur. . . . . . .

Depuis longtemps, la chose était visible, Monsieur *** était à l'étroit dans sa petite paroisse ; son zèle brûlant débordait, il embrassait les paroisses voisines et même le diocèse entier, ce n'était pas encore assez. — Il fallait le monde à sa charité, — le monde pour ainsi dire lui a été donné. — Comme Saint Paul, il pourra le parcourir dans tous les sens, se faisant tout à tous pour les gagner tous à Jésus-Christ.

Mais sa petite paroisse, mais ses amis, mais le diocèse pleureront longtemps sa perte. — Et ceux qui n'avaient pas compris cet homme de Dieu, quand il était à leur porte et sous leurs yeux, solliciteront de lui, à 200 lieues, un mot qu'ils recevront comme un oracle du ciel.

Puisse la chère paroisse, les bons paroissiens de ***, en lisant ces lignes, se rappeler ses exemples, ses discours, ses avis paternels; puissent-ils se rappeler leur ancienne ferveur et *faire leurs premières œuvres.*

Puissent-ils être ce qu'ils étaient il y a 25 ans, quand en un jour d'éternelle mémoire, les pères, les mères, les enfants, les jeunes filles, les jeunes gens, les vieillards, étaient présentés à leur Evêque, heureux de bénir un aussi fidèle troupeau et un si digne pasteur!

Veuille la Bonne Notre-Dame du Chêne jeter sur cette paroisse un regard de bonté!

Toutes les âmes consolées, soutenues, arrachées à l'enfer par cet homme de Dieu, ont des trophées que Marie attachera à son char de triomphe; elles vous appartiennent, ô Notre-Dame-du-Chêne, et il fallait bien vous en faire hommage, puisque le prêtre qui en a fait la conquête est un enfant de votre cœur, puisque c'est à vos pieds, sous l'impression de votre amour et aidé de vos inspirations, que le religieux se formait en lui, et qu'il est devenu, en vrai enfant d'Ignace, le chevalier de la Reine des cieux.

Les fêtes principales de Notre-Dame-du-Chêne sont la Nativité et l'Annonciation.

L'annonciation est la fête patronale, remise depuis quelques années au dimanche du bon Pasteur, le deuxième après Pâques.

Puisse cette fête toute chrétienne ne se célébrer qu'avec les joies saintes de la religion, les plaisirs purs de la famille.

C'est dans ce but que le zélé Pasteur a fait donner, en 1857, une pieuse Retraite. Cette Retraite, avant d'appeler ses enfants au trône de Notre-Dame, doit réunir les âmes dociles au banquet divin de la Table eucharistique.

VISITE A L'ÉGLISE DE BAR.

L'Eglise de Bar, l'une des plus vastes du diocèse de Troyes, remarquable à plus d'un titre, mérite une visite.

Pieux pèlerin, après avoir rendu vos hommages à la Vierge bénie, dans la petite chapelle, honorez-la encore dans la grande basilique, et avec elle, honorez le premier des martyrs; saint Etienne en est le patron.

Vous voici au pied du portail. — Saluez d'abord la croix de mission posée en 1825, dans un de ces jours bénis qui notent dans l'histoire d'une cité; voyez dans une statue de bronze, la douce Image de Marie, elle rayonne au centre du frontispice. Elle trône partout dans la ville de Bar, c'est sa ville. Aussi a-t-on eu raison de mettre cette inscription à ses pieds : *Urbs grata Mariæ*, c'est-à-dire *à Marie la cité reconnaissance*. — Cette statue est un *ex voto* de la paroisse et du pieux pasteur. Erigée en 1855, en actions de grâce de la délivrance du choléra, elle consacre le souvenir de la définition du dogme glorieux de la Conception immaculée.

Au-dessus de la statue, lisez deux mots : UNA EST, c'est-à-dire ELLE EST L'UNIQUE ! Oui, elle est unique cette femme incomparable, unique dans son inviolable pureté, unique dans sa virginité, unique dans sa maternité divine, unique dans son courage , unique dans ses abaissements et ses grandeurs, unique en ses bontés, unique en tout, parmi les enfants des hommes.

En entrant dans le temple, prosternez-vous, adorez et priez. — Saluez le divin solitaire du sacré tabernacle. Invoquez les anges gardiens du temple ; invoquez saint Etienne.

Si vous voulez retirer de votre visite les impressions et les souvenirs qui doivent en être le résultat, suivez la marche que je vais vous tracer.

Placé à l'entrée, au-dessous de la tribune de l'orgue, plongez votre regard jusqu'au fond du sanctuaire, en embrassant, s'il vous est possible, l'ordonnance de la nef et du chœur ; remarquez ce magnifique vaisseau, ses arcades, ses colonnes, son fenêtrage et ses verrières, remarquez au-delà de cette première enceinte, ces chapelles qui rayonnent à l'entour comme une ceinture de diamants.

Puis avancez entre la chaire et le banc-d'œuvre, sans vous occuper encore de ces objets d'art, et voyez le monument sous un aspect nouveau : il est dilaté dans les deux transsepts, l'un à votre droite, l'autre à votre gauche.

La forme de la croix marquée dans les parties principales de l'édifice chrétien est sous vos yeux. Le sanctuaire en est le chef, la nef principale en est le corps et le pied, les transepts en sont les bras.

Dix-sept autels rayonnent dans l'église de Bar autour du maître-d'autel : quinze dans des chapelles ou sanctuaires, deux à l'extrémité de chaque collatéral, au pourtour.

Cette multitude d'autels érigés en l'honneur de Dieu et en mémoire des saints, prouvent mieux que des arguments la piété antique des habitants.

Visiteur chrétien, je vais vous donner le sujet et la suite des verrières de la nef principale et des chapelles collatérales ; nous méditerons ensuite les tableaux de la chapelle du saint sacrement.

Commençons par le côté gauche, près de l'orgue :

1. Verrière.

2. Nativité du Sauveur.

3. Résurrection du Lazare.

4. Images de saint Jean - Baptiste et de sainte Catherine.

5. A l'entrée du chœur, histoire de saint Jean-Baptiste, faisant pour ainsi la préface de l'histoire de Jésus-Christ, qui va suivre.

6. Entrée triomphante de Jésus à Jérusalem. — Premières scènes de la passion.

7. Suite de la passion, Jésus attaché à la croix.

8. Verrière nouvelle du centre, le crucifiement, enlevée en 1841 par un vent orageux, remplacée par M. Martin, peintre-verrier, artiste déjà célèbre. Ce qui frappe davantage dans cette œuvre remarquable, dit un religieux ami des arts et de nos monuments, ce sont les dix-neuf personnages formant divers groupes au pied de la croix. D'un côté, la Vierge soutenue par saint Jean, de l'autre, les soldats jouant aux dés la robe du Christ. Ici, les juifs épouvantés qui prennent la fuite ; là des personnages à cheval ; au pied du Sauveur, la Madeleine pénitente qui pleure des iniquités, qui ont causé sa mort. Tout cela, continue l'auteur

à qui nous empruntons ces lignes, est plein d'expression et de vie, tout cela parle et respire. Quel sujet de méditation dans cette page sacrée, développée à tous les regards au centre du temple chrétien !

Vous êtes au pied du maître-autel, admirez son élégante structure, admirez les statues des Evangélistes dues au ciseau de M. Charton de Dampierre, et à la munificence de M. l'abbé Prud, curé actuel.

9. En suivant et en descendant le chœur : Sépulture de Jésus. Cette verrière est mutilée ; si elle était restaurée, l'église de Bar posséderait l'évangile tracé en caractères resplendissants dans les sept magnifiques fenêtres qui forment le chœur et le sanctuaire.

10. Résurrection et diverses apparitions du Sauveur.

11. Histoire de saint Jean apôtre ; remarquez la légende : *Les drapiers drapants de ceste ville ont fait faire ceste verrière, l'an mil V cent quatre.* — Voyez à la partie supérieure les instruments de l'état, comme navette, cardes, forces, et rappelez-vous la foi de nos pères et leur zèle pour la décoration de la maison de Dieu.

12, 13, 14. Images des saints.

Au transsept sud, aux fenêtres supérieures de la chapelle saint Etienne : saint Roch, saint

Sébastien, saint Nicolas, Baptême de Notre-Seigneur, apparition de la sainte Vierge à un saint religieux. — *A la partie inférieure :* Election des sept diacres, prédication, martyre de saint Etienne. — *En sculpture*, quelques scènes de la vie du saint diacre.

Au transsept nord, chapelle Notre-Dame-de-Pitié : Saint Crépin et saint Crépinien. — Décollation de saint Jean-Baptiste.

Aux fenêtres inférieures : Naissance, Présentation, Mariage, Annonciation de la sainte Vierge. — *En sculpture*, quelques morceaux ayant trait à la vie de la Mère de Dieu.

Noms des Chapelles.—Verrières qui les décorent.

1. Au collatéral gauche, chapelle des fonts baptismaux. — Sans verrière.

2. Chapelle Sainte-Marguerite.—Saint Barthélemi, patron des bouchers.

3. Chapelle Saint-Fiacre. — Verrière de sainte Barbe.

4. Chapelle Saint-Roch. — Vitrail de saint Roch.

5. Chapelle des Menants. — Histoire figurative et prophétique de Marie.

6. Chapelle de la Passion. — Histoire de la Croix.

7. Chapelle des Vigniers. — Jugement de Salomon; traits de l'histoire de Daniel.

8. Autel et vitrail de saint Sébastien.

9. Chapelle de la communion. — Ensemble de Tableaux sur verre et sur bois relatifs à la sainte Eucharistie.

10. Autel de la Vierge. — Sujets du vitrail : l'Annonciation, la Visitation et l'Assomption de Notre-Dame.

11. Chapelle Saint-Yves. — Histoire de saint Louis.

12. Chapelle et verrière de saint Nicolas.

13. Chapelle de la Sacristie. — Tableau de l'invention des reliques de saint Etienne.

14. Chapelle de saint Claude, dite du collège. — Vitrail de saint Nicolas, patron des jeunes gens.

15. Chapelle de saint Pierre. — Images de la sainte Vierge et de sainte Catherine.

Après avoir donné un coup-d'œil, sans doute trop rapide, aux verrières du chœur, de la nef et des collatéraux, méditons les sublimes enseignements attachés aux peintures de la chapelle terminale, dite de la Communion.

C'est dans cette chapelle que le peuple de Bar a élevé, contre les erreurs du calvinisme, un asile à sa piété et un rempart inviolable à la foi de ses pères. — Ce sanctuaire s'élevait en effet à cette époque précise où l'Eglise défendait le dogme de la présence réelle, consacré dès lors par la foi de quinze siècles, et le sang des martyrs.

On voit que les chrétiens d'alors combattaient pour leur Dieu, ses autels et leurs foyers, c'est-à-dire pour les plus chers trésors de l'homme et du chrétien. *Pro aris et focis.*

Habitants de Bar, descendants de ces pères si fidèles, et vous pieux pèlerins, si jamais votre foi en la présence réelle chancelait, si elle s'affaiblissait en votre cœur, il vous suffirait de venir à ce sanctuaire, vous y trouveriez les preuves invincibles, contre lesquelles l'enfer ne saurait prévaloir.

L'ensemble des peintures sur verre et sur bois qui en font l'ornement, forme une thèse en faveur de la présence réelle et du mystère eucharistique.

Toutes les preuves sont ici réunies : l'Ecriture tant de l'ancien que du nouveau Testatament. — La voix des miracles, la tradition, l'enseignement des docteurs, l'autorité des pasteurs, le cri des siècles et des peuples forment un concert magnifique, qu'on ne peut entendre sans tomber à genoux au pied du tabernacle, en disant : *Je crois.*

Voyez d'abord la verrière du centre au-dessus de l'autel. — Le sujet est la Cène.

Le Sauveur occupe le milieu de la table

sacrée où, d'une voix solennelle, il prononça la veille de sa mort, le mot du testament d'amour : *Hoc est corpus meum.* Il est environné de ses apôtres.

Au-dessus du sujet principal, planent six anges; deux présentent à l'adoration l'hostie sainte, deux sont prosternés; deux autres, ayant en mains des instruments de musique, invitent les cœurs chrétiens à unir leurs adorations à celles des esprits célestes. — Ils semblent accompagner les pieux chants : *Adoremus in æternum S. Sacramentum.*

Ce premier tableau est comme l'enoncé de la thèse ou du discours.

Les autres vont nous donner les preuves et les développements. Suivez-moi : la verrière à gauche, comme celle de droite, sont deux *grisailles* ; si l'éclat des couleurs nous manque, la beauté des pensées y suppléera.

Etudions la première : remarquez Notre-Seigneur au sommet. Il est assis sur des nuages, il tient de la main gauche un calice, il le bénit de la droite. Les anges qui l'environnent, présentent ces mots : *O salutaris hostia :* — *Panem angelorum manducavit homo.*

Au-dessus des anges sont représentés saint Pierre et saint Paul, à chaque apôtre se rattache un texte. — A côté de saint Paul, lisez ces mots : *Calix benedictionis cui benedicimus, nonne communicatio sanguinis Domini est ?* — C'est-à-dire *le calice de bénédiction que nous-même, comme prêtres, bénissons dans la célébration des sacrés mystères, n'est-ce pas la communion du sang du Seigneur ?* (I. Cor. X, 16.)

Ces paroles sont claires et démontrent la foi de saint Paul à la présence réelle.

Nous n'avons que le commencement du texte de saint Pierre, cinq mots à peine : *Nos credi, tu es Cris,* mais avec cinq mots nous retrouvons le texte entier tiré sans aucun doute du verset 70. chap. VI de saint Jean, le voici : *Nos credidimus quià tu es Christus filius Dei vivi.* — *Nous croyons et nous connaissons (et ce n'est pas d'aujourd'hui) que vous êtes le Christ, fils du Dieu vivant.* — Ce témoignage est une suite de la réponse du saint apôtre à Jésus-Christ.

Le Sauveur venait, dans un magnifique discours rapporté en saint Jean, chap. VI, de faire la promesse du sacrement d'amour.—Il venait de dire : C'est moi qui vous donnerai un pain céleste supérieur à la manne. Je ferai de mon corps une viande et de mon sang un breuvage. Des juifs grossiers et incrédules sont scandalisés de ces magnifiques espérances, ils se retirent en murmurant : *Ce discours est dur, qui peut l'écouter ?* Jésus-Christ s'adresse aux douze apôtres et leur dit : Et vous, allez-vous aussi m'abandonner ? C'est alors que Pierre prenant la parole, lui dit : A qui irions-nous ? etc.

Le texte de notre verrière fait la suite immédiate de ces paroles et forme le plus éclatant témoignage de la divinité de Jésus-Christ, de la véracité de sa parole, et par une conséquence nécessaire, de la foi du prince des apôtres en l'adorable eucharistie, objet du discours et des promesses du Maître suprême.

Au-dessus des deux apôtres princes de l'Eglise, Pierre son chef visible, vicaire du Christ ; Paul son héraut, le messager rapide de sa parole, voyez les quatre évangélistes, chacun avec le symbole qui le distingue : saint Mathieu avec l'ange sous la forme d'un homme, saint Marc avec le lion, saint Luc avec le bœuf, saint Jean avec l'aigle ; chacun avec un texte qui a rapport à la vérité de la présence réelle. — Lisez à côté de saint Mathieu : *Accipite et comedite, hoc est corpus meum* (1). — A côté de saint Marc : *Hic est sanguis meus novi testamenti* (2). — De saint Luc : *Hoc facite in meam commemorationem* (3). — De saint Jean : *Hic est panis qui de cœlo descendit* (4).

Quelle clarté dans ces témoignages ! com-

____

(1) Prenez et mangez, ceci est mon corps.

(2) Ceci est le sang du nouveau testament.

(3) Faites ceci en mémoire de moi.

(4) Voici le pain qui est descendu du ciel.

ment n'y pas voir la vérité qui éclate? comment nier la présence réelle, l'Évangile à la main?

À la base du tableau sont placées les nobles figures de quatre grands docteurs, appelés par excellence et par antonomase, les quatre pères latins, savoir : saint Jérôme, saint Augustin, saint Ambroise, Saint Grégoire Pape. Ces rares génies, à la foi robuste et ferme, sont là comme les piédestaux des colonnes de la vérité personnifiées par les évangélistes, la soutenant avec eux. À chacun des quatre docteurs, comme aux deux apôtres, se rattachent des textes, sans aucun doute en rapport avec la sainte Eucharistie. On ne lit bien que ceux de saint Jérôme et de saint Ambroise ; ce dernier se fait l'écho de la voix de saint Jean l'évangéliste : *Hic est panis qui de cœlo descendit* (Voici le pain descendu du ciel).

La boiserie trop élevée cache une inscription intéressante, on lit : Les confrères et les conseurs de la confrairie du..... fondée à l'église parochiale, ont fait faire cette verrière, mil V   . Sont effacés une partie du millésime et le nom de la confrérie, qui est sans doute celle du Saint-Sacrement.

Le vitrail à droite qui fait le pendant du précédent, représente le miracle de la sainte hostie. L'âme chrétienne frémit d'épouvante.

— Une femme livre à un juif la sainte hostie

reçue à la table sacrée en la solennité pascale. Le descendant des déicides poursuit sous ces voiles sacrés son Dieu auquel il ne croit pas, le sang coule, l'image de Jésus crucifié apparaît. — Les pieux fidèles accourus adorent. La femme du juif croit. — Le nouveau Judas persiste et meurt dans son incrédulité. Tel est le fait ici représenté et rapporté par les historiens du temps. — Ce fait se passait au xiiie siècle. Il est représenté à S. Nicolas de Troyes, aux églises de Lhuitre et de Ricey-Bas.

Nous venons de voir la vérité dans les verrières, examinons maintenant les figures. Tous les chrétiens instruits savent que ce qui est réalisé dans le Nouveau-Testament par le christianisme, a été prophétisé et figuré dans l'Ancien. Saint Thomas l'indique dans la magnifique prose du saint Sacrement : *Lauda Sion*, quand le docteur angélique s'écrie : *Ce sacrement nouveau abolit les anciens symboles, la vérité succède aux figures, et la lumière à l'obscurité.*

Dans la chapelle de Bar ce rapprochement de l'ombre avec la vérité est manifeste.

Ainsi, en parcourant les peintures sur bois, nous remarquons le pain d'Elie, la manne du désert, l'agneau pascal, le sacrifice de Melchisédech, la multiplication des pains.

Etudions ces belles productions de l'art chrétien, comme elles se présentent, en commençant de gauche à droite. Il est à regretter que la suite dans laquelle ces peintures sont placées soit presque littéralement en sens inverse de l'ordre historique.

Espérons que dans la restauration de la chapelle, la disposition naturelle et vraie sera scrupuleusement rétablie.

Au premier tableau, voisin de la table de communion, à gauche, voyez Elie le prophète dans l'attitude et avec la face d'un homme épuisé de besoins, l'ange du ciel lui présente le pain réparateur ; au plan supérieur, on aperçoit le même prophète, gravissant la montagne ; il est fortifié par la nourriture acceptée avec reconnaissance et prise avec docilité.

Or, le pain offert par l'ange à l'homme de Dieu était une figure du pain eucharistique que vous, pieux pélerins de Notre-Dame, avez mangé aussi, pour aller à la sainte montagne.

La peinture suivante rappelle une autre figure, c'est la manne du désert ; comme à la chapelle de communion à saint Jean de Troyes, on la voit tomber sous la forme de coriandre ou de dragées blanches. Moïse, reconnaissable aux cornes qui ornent son front, est présent à ce spectacle ; de même Aaron son frère, revêtu des insignes de son pontificat. La multitude recueille l'aliment miraculeux.

La multiplication des pains au désert, aussi figurative du pain eucharistique, fait le sujet du troisième tableau. On voit près du Sauveur l'enfant avec ses poissons et l'homme qui lui présente les pains. Les serviteurs, en tabliers blancs, sans doute les apôtres, font le service du repas miraculeux, et distribuent à une foule immense, et admirablement groupée, les pains multipliés.

Dans le tableau à droite, près de l'autel (à côté de l'Epître), sont représentées, en un seul tableau, la cène antique et la cène nouvelle. On voit, sur une table chargée de mets, l'Agneau figuratif.

Le Sauveur, couronné de trois rayons lumineux, occupe le sommet du cadre; il est environné des apôtres, et tient à la main le calice qui renferme le sang de la nouvelle alliance.

Nous n'étudierons le cinquième tableau, évidemment mal placé, qu'après avoir décrit le sixième.

Le sixième, disposé près de la table de communion, à droite, représente le sacrifice de Melchisédech, prêtre du Très-Haut et roi de Salem. Ce personnage, qui réunit le sacerdoce à la royauté, est la vivante image de Jésus-Christ. (*Voyez* le chap. VII de la magnifique Epître de saint Paul aux Hébreux.) Son nom est le nom de la justice, le nom de la cité où il règne, est celui de la paix.

Il offrait dès lors au vrai Dieu le pain de

froment et le jus de la vigne, qui étaient en ce sacrifice la figure, et devaient être la matière du saint sacrement.

Melchisédech est revêtu de ses ornements de sacrificateur, Abraham est en guerrier, son cheval richement caparaçonné se voit à l'écart, gardé par un écuyer.

On remarque à quelque distance une armée en marche, ayant à sa tête deux rois couronnés.

Derrière Melchisédech est représentée la ville de Salem ; les habitants en sortent en foule, se dirigeant vers le lieu de la scène, qui réunit le prêtre et le guerrier. — Rétrogradons d'un pas.

Le tableau précédent, et qui est le dernier dans l'ordre des temps, est le triomphe de l'Eucharistie.

Il exprime dignement dans son cadre étroit le plus éclatant témoignage de la foi des peuples et des siècles, de la foi de nos pères. — Considérez et édifiez-vous, visiteurs chrétiens. Vous êtes venus à la suite des temps grossir cette assemblée des fidèles.

La sainte hostie, portée dans un ostensoir en or, est exposée sur une éminence, espèce de trône ou d'autel. D'un côté, à gauche, sont groupés les princes de l'Eglise, Pape, cardinaux, évêques, une multitude de moines et de religieuses. — De l'autre à droite, se pressent les Rois de la terre ; on en distingue quatre; et avec ces Rois une multitude qui représente tous les Peuples du monde.

Rien n'est beau comme cette assemblée; la foi, le respect, la piété sont peints sur toutes ces nobles figures; leur attitude est pleine de majesté.

Pieux visiteurs, nous venons d'étudier de magnifiques peintures sur verre et sur bois; elles ont réjoui nos yeux, parlé à notre imagination et touché nos cœurs. Tout près de nous, au centre du sanctuaire, dans un modeste tabernacle, comme sous une tente, habite Dieu lui-même dans son sacrement. Adorons-le, ranimons en nos âmes la foi en Jésus caché et présent pour nous, et promettons de mourir plus tôt que d'être infidèles à notre croyance. Jurons de la transmettre pure à nos enfants, avec le culte de Marie.

Que de choses à voir encore dans la vaste Eglise de Bar; mais sachons nous borner, et puis un pèlerin est un voyageur qui court et s'arrête à peine.

Jettons cependant un coup-d'œil sur le Banc d'œuvre; voyez sur la Chaire le sacrifice du premier martyr, qui, apôtre intrépide, après avoir prêché la vérité, scelle son témoignage de son sang généreux; c'est saint Etienne le patron de l'Eglise de Bar.

Si vous avez du temps, pieux visiteur, admirez à la chapelle de Saint-Roch (troisième à gauche), son intéressante histoire sur un magnifique tableau de verre, une des gloires de nos artistes.

Lisez sur place ces naïves légendes dont je vous donne ici la copie :

« De la cité de Montpellier fut st Roch de grânt renommée,
» Son père Jehan Chevallier et sa mère Libera nommée.

» En ce temps son père et sa mère trépassèrent allant à
  Dieu
» Et ses biens lui-même lesquels distribua pour Dieu.

» Comme rempli de charité à Rome étant pour sa re-
  quête ;
» Ung cardinal de la cité fut guary frappé de la peste.

» Comment st Roch très fort mal fut chassé hors de la
  cité
» Ayant espérance et l'aide de Dieu voyant sa pureté

» Ung Ange de Dieu s'est transmis pour le guarir et
  consoler
» Et ung chien de Dieu prit et porta un pain tout entier.»

Au-dessous de l'image des donateurs, on lit :

« Noble personne Anthoine Laussoirois
» Receveur des tailles et des aydes pour le
» Roy nostre sire ès comté et élection de
» Bar-sur-Seine, et Rose de la Ferté sa femme
» ont donné ceste verrière l'an mil cinq cent
» vingt-huit. Priez Dieu pour eux. »

Ensuite, si vous ne tenez pas trop au coloris et à l'effet, voyez à la chapelle qui suit le transsept, *dite des menants*, dans une grisaille qui dit peu aux yeux, mais beaucoup au cœur, surtout au cœur de l'enfant de Marie. Voyez les prophéties antiques qui montrent la femme mille fois bénie, votre Mère sous les aimables symboles du buisson ardent et de la toison de Gédéon.

Montez plus haut, à la dernière chapelle du collatéral où vous êtes, avant l'autel de saint Sébastien, voisine de la chapelle de la communion. — Contemplez cette verrière :

Le Jugement de Salomon. — L'histoire de la chaste Suzanne. — L'interrogatoire des infames vieillards, ses lâches calomniateurs ; le jugement rendu par Daniel en faveur de l'innocence. — Ces traits de l'Ancien-Testament et quelques autres brillent sous vos yeux.

Le donateur est un magistrat, nommé JEHAN NASSIER. On le voit vêtu d'une robe de palais, agenouillé dans un coin du tableau, avec ses fils. — Il a en face de lui, à l'autre coin, sa femme et ses filles. — on lit au bas de la verrière cette inscription :

« Nobles personnes, Jehan Nassier, licen-
» tié ès-droit, lieutenant-général au baillage
» de Bar-sur-Seine, Seigneur de Chassenay
» et Bagneux ; et Guillemette sa femme ont
» donné ceste verrière le XVe jour de mai mil
» cinq cents quarante ; XL jours après Pâ-
» ques. Priez Dieu pour eux et pour tous leurs
» bons amis vivants et trépassés.   Amen. »

CONCLUSION.

Pieux pèlerin, sept siècles avant vous, un homme de Dieu, l'oracle des rois, des pontifes, le pacificateur des peuples, la gloire de la Bourgogne, le prodige du moyen-âge, le pèlerin de la croix et de Notre-Dame, SAINT BERNARD, visitait la ville de Bar ; il rendait la vue aux aveugles, guérissait les paralytiques, faisait marcher les boiteux, parler les muets. Les miracles marquaient tous ses pas. — Nos pères furent témoins de ces merveilles.

Le *val Saint-Bernard*, la *Sainte-Fontaine* rappellent sa mémoire en cette cité. Parti de Clairvaux, le saint abbé, allant à Troyes et au delà, passait par Bourguignon, Fouchères et Vaudes.

Pèlerin de Marie, si vous suivez les traces du Thaumaturge, — saluez à Fouchères la patronne du lieu, c'est aussi Notre-Dame.

Au centre du pays, sur le bord de la Seine, en tête du grand pont, elle a son trône. Ce trône n'est pas un chêne antique, c'est une gracieuse colonne de pierre, élevée par la piété de nos aïeux et respectée par les siècles. — Un ange lui donne un abri et forme sa couronne. Passez le pont, traversez la prairie, arrivez à l'église ; prosternez-vous, Dieu habite là depuis sept siècles ; admirez, vous êtes en présence d'un monument ; — le XIIe et le xiiie siècles l'ont élevé à la Notre-Dame. — Pénétrez jusqu'au sanctuaire, quelle douce harmonie ! Voyez au-dessus de la chapelle funèbre d'un dignitaire de l'église, un beau tableau de verre : — là sainte mort et l'Assomption glorieuse de la Vierge bénie y sont représentées ; lisez l'inscription : Révérend Père en Dieu, Frère Elion d'Amoncourt, abbé des abbayes de Saint-Martin de Troyes et Boulencourt, prieur de ce lieu de Fouchères, m'a fait ici poser et mettre. 1575. Priez Dieu pour les trépassés.

Derrière le groupe de sainte Anne et de Marie enfant, au sanctuaire, à droite, remarquez des chaines et des brassards ; ce sont, selon la tradition, les chaînes d'un captif délivré au nom de Dieu ; il fit, on peut le croire, hommage de sa délivrance à Marie, qui si souvent a consolé les affligés, délivré ceux qui souffrent.

Si vous pénétrez à la sacristie, vous y admirez une croix, chef-d'œuvre de l'art et de la piété de nos pères ; l'Image de Notre-Dame figure au revers, sous le *nom de Notre-Dame de Fouchères.*

La Croix, Marie et l'adorable Sacrement de nos autels ont à Fouchères des monuments et un culte particulier. Paroisse chère à mon cœur, sois fidèle à tes souvenirs, remonte à 100 ans et plus, remonte à saint Bernard, tu retrouveras la piété, la foi et les vertus de ceux qui ont élevé tes monuments.

Dans un avenir prochain, une inscription approuvée par notre illustre Évêque, Monseigneur Coeur, rappellera à ses habitants le passage de saint Bernard à Fouchères. — En voici le texte :

ICI

SAINT BERNARD A PASSÉ

PAR LA PUISSANCE DE L'HOMME DE DIEU

ICI

UN SOURD ET MUET DE NAISSANCE

A ENTENDU ET PARLÉ

UNE JEUNE FILLE, EN UN MOMENT, A RECOUVRÉ

L'USAGE D'UNE MAIN MORTE ET DESSÉCHÉE.

GLOIRE A DIEU !

SAINT BERNARD PRIEZ POUR NOUS.

Oui, priez pour nous, grand Saint, au ciel plus puissant que vous ne l'étiez sur la terre, priez pour les enfants de ceux que vous avez jadis visités; guérissez notre aveuglement, notre indifférence, notre paresse spirituelle; guérissez les âmes malades; combien parmi nous de boiteux, de muets et d'aveugles ! — combien de morts ! — Ranimez parmi les chrétiens la ferveur des temps primitifs, le culte de la Croix, la piété pour le Saint-Sacrement, la dévotion envers Marie.

Marie, Reine de la paix, régnez sur nous, vous et votre Fils, régnez à Bar, votre cité chérie, régnez aux pays voisins, au diocèse de Troyes, en France, et dans le monde entier; régnez au ciel et sur la terre, et obtenez que nous régnions à jamais avec vous au séjour du bonheur !

CANTIQUES ET PRIÈRES

A NOTRE-DAME-DU-CHÊNE.

REFRAIN.

Du haut de vos forêts, puissante protectrice,
Jetez sur nos vallons des yeux compatissants,
De nos fiers ennemis, confondez la malice,
Veillez sur nous, Marie, et sauvez vos enfants.

En vous la veuve espère
Au sein de ses malheurs,
Et vous êtes la mère
De l'orphelin en pleurs ;
Vous êtes l'espérance,
L'asile des pécheurs,
Et la tendre innocence
Se cache en votre cœur.   Du haut, etc.

La vierge vous appelle,
L'enfance vous chérit ;
De la mère nouvelle,
Vous protégez le fils.
L'infirme à l'espérance,
A votre nom sourit ;
Près de sa délivrance,
Le vieillard vous bénit,   Du haut, etc.

Par vous, à la lumière,
L'aveugle ouvre les yeux ;
Une ardente prière
Redresse le boiteux.
Le sourd, de vos louanges,
Entend les doux accents ;
Et le muet, aux anges,
Fait envier ses chants.   Du haut, etc.

O toi ! Cité chérie,
Crains-tu quelque malheur,
Quand l'ombre de Marie
Assure ton bonheur.
Ah ! crois à sa puissance,
Embellis son séjour ;
Et que ta confiance
Réponde à son amour.   Du haut, etc.

L'auguste souveraine,
La maîtresse des cieux,
Se plaît au creux du chêne ;
Elle y reçoit nos vœux.
Courons, c'est notre mère,
Couronnons-la de fleurs ;
Hâtons-nous de lui faire
L'hommage de nos cœurs. Du haut, etc.

MÊME SUJET.

Toi, qui, de ta main tutélaire,
Soutiens l'indigent abattu,
Que le pécheur nomme sa mère,
Unique espoir de la vertu ;
De ces lieux brillants où rayonne
Une étoile dessous tes pas,
Où des soleils sont ta couronne,
Abaisse tes yeux ici-bas.

REFRAIN.

Oh ! chantons une hymne à Marie,
Une hymne à la Reine des cieux ;
Et que de notre âme attendrie
S'exhalent nos chants et nos vœux. (*bis.*)

Écoute, une vierge t'appelle ;
Et veut te consacrer son cœur ;
A ton culte rester fidèle,
Et mettre en toi tout son bonheur.
Elle veut, timide et craintive,
N'espérer plus qu'en ton amour ;
Partout à te plaire attentive,
Se régler sur toi, nuit et jour.
     Oh ! chantons, etc.

Fais que les vains plaisirs du monde
Soient, pour son âme, sans appas,
Qu'elle trouve une paix profonde
Et sur ton cœur et dans tes bras ;
Fais que ton Fils, qui la contemple,
Sans cesse augmentant sa ferveur,
Se bâtisse, à jamais, un temple
Pur et sans tache dans son cœur.
     Oh ! chantons, etc.

PRIÈRE.

O glorieuse Marie! Mère de Dieu, Reine du ciel et de la terre, protectrice des vrais Chrétiens, refuge assuré des pécheurs, Vierge incomparable en mérites, en grâces et en gloire, vous avez choisi les déserts du canton de Bar-sur-Seine pour votre chère demeure; assise sur le sommet de cette montagne qui nous domine, comme sur le trône de vos miséricordes, vous vous rendez visible par votre image miraculeuse et vos bienfaits; vous offrez nos prières à Jésus-Christ, votre Fils bien-aimé; vous répandez sur nous toutes les grâces qui nous sont nécessaires; vous changez les astres du ciel pour la fertilité de nos campagnes et la rentrée de nos abondantes récoltes; vous soulagez nos infirmités; vous subvenez tout à la fois et aux besoins de notre corps et aux besoins de notre âme; vous demandez les hommages, le respect, la reconnaissance et l'amour qui vous dus. Nous nous prosternons donc très-humblement à vos pieds, et du fond de notre cœur nous vous choisissons pour notre véritable Souveraine, notre bonne et tendre Mère, notre aimable et zélée protectrice. En l'honneur de ces augustes qualités, nous vous offrons nos biens, nos parents, nos corps, nos cœurs et tout ce qui nous appartient; nous vous supplions, ô Vierge immaculée ! de vouloir bien accepter ces chers objets de notre juste tendresse ; déjà sans doute ils sont à vous, puisque nous avons tous le bonheur d'être vos enfants ; néanmoins nous vous prions encore de les prendre sous votre puissante protection ; nous vous conjurons de les défendre contre les attaques des ennemis qui nous environnent de toutes parts ; daignez enfin nous obtenir, de votre Fils bien-aimé, la grâce de marcher toujours en sa sainte présence, de suivre sa doctrine, d'imiter ses vertus, et particulièrement l'humilité, la pureté, l'obéissance et la charité de sa divine enfance, et que notre dernier soupir soit un soupir d'amour pour lui et pour vous. Ainsi soit-il.

AUTRE PRIÈRE.

Souvenez-vous, ô très-pieuse Vierge Marie, qu'on n'a jamais entendu dire qu'aucun de ceux qui ont eu recours à votre protection, imploré votre assistance et réclamé votre secours, ait été abandonné de vous. Animé d'une pareille confiance, je cours à vous, Vierge des vierges et notre mère, je me réfugie à vos pieds : me voici en votre présence, gémissant sous le poids de mes péchés. O Mère de Dieu ! ne rejetez pas mes humbles prières ; mais écoutez-les favorablement et daignez les exaucer. Ainsi soit-il.

TABLE DES MATIÈRES.

FIN.

BAR-SUR-SEINE. — IMP. SAILLARD.

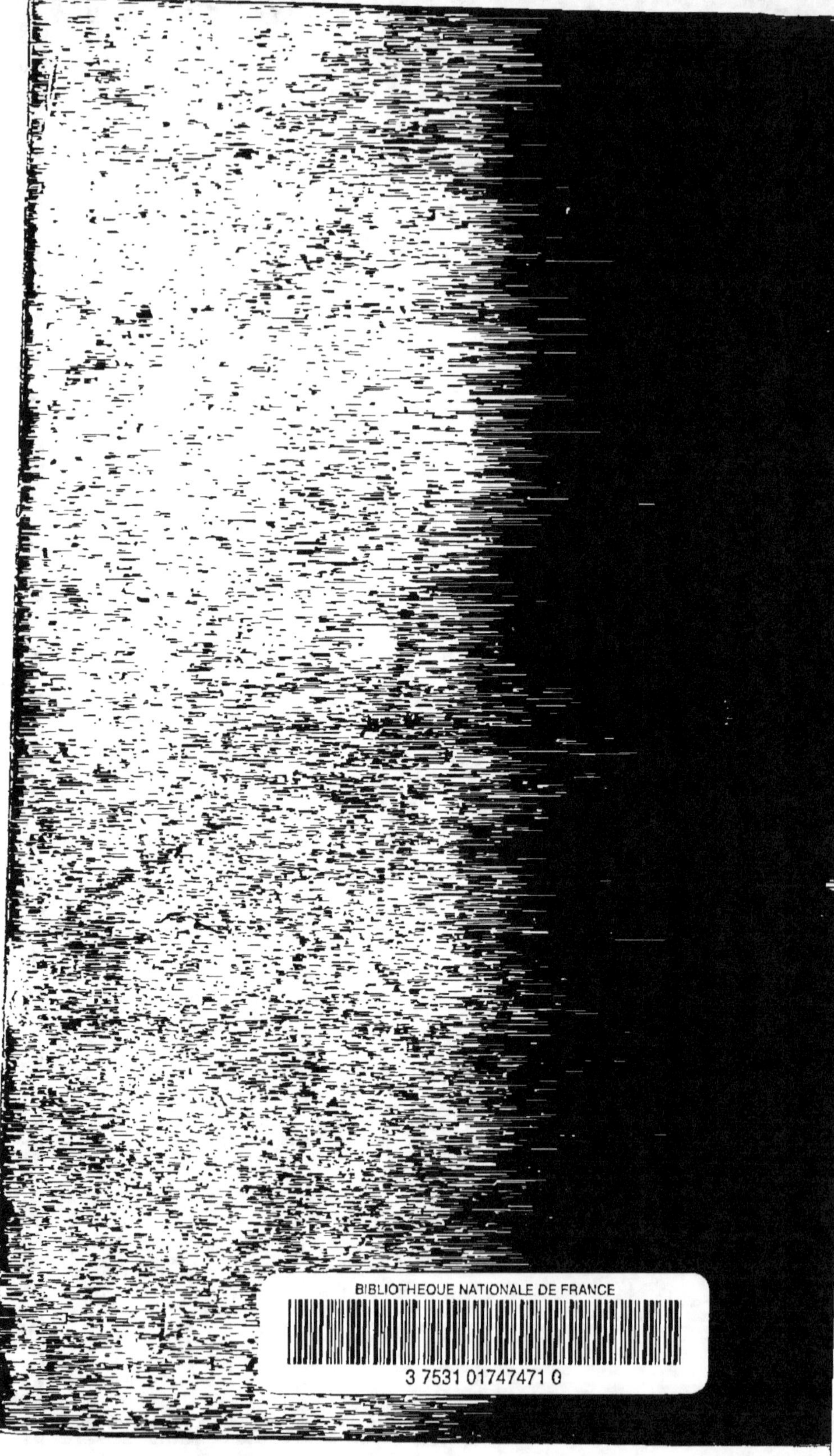